CLÉMENCE

ET

JUSTICE.

« *Ad patriæ firmandas vires, sanandosque*
» *populos omnis nostra pergit oratio.* »
Cic., de Leg, lib. I.

A PARIS,

CHEZ LES MARCHANDS DE NOUVEAUTÉS.

1815.

CLÉMENCE

ET

JUSTICE.

Les conjonctures où se trouvent placés la patrie, le prince et les sujets me déterminent à publier ces réflexions. Lorsque tous les intérêts publics et privés ont été violemment froissés pendant un long espace de tems, lorsque d'immenses calamités pèsent sur une grande nation, dévorent le corps politique, et peuvent d'un instant à l'autre amener sa dissolution, toutes les classes de citoyens doivent se dévouer avec un même zèle, avec un même courage, au salut de l'Etat et à la défense du trône. Alors, il faut abandonner toute espèce de ressentiment aux grands intérêts de la patrie, il faut se rallier sans récriminations et sans crainte autour du monarque. Alors, il n'est point de plus beau triomphe que celui de la modération et de la justice ; et le premier devoir d'un sujet fidèle, d'un bon citoyen, s'il fait entendre sa voix dans ces tems déplorables, est de ne prononcer que des paroles de réconciliation et de paix.

Le salut de l'Etat dépend plus que jamais de l'union de tous ses membres, de leur attachement sincère à la personne du monarque. Il faut oublier qu'il exista des divisions en France ; car le Roi n'a point de parti ; c'est un peuple entier qui est et qui doit être son parti. L'on est bon citoyen, l'on est Français, lorsqu'on prête à l'autorité royale toute la force nécessaire au bonheur public. Il ne doit donc y avoir aujourd'hui qu'un seul parti en France, celui de la patrie, c'est-à-dire du Roi.

Tous les Français déplorent des erreurs et des fautes dont ils sont tous également victimes. Les doctrines anciennes et les théories nouvelles sont définitivement jugées par toutes les classes ; mais les grandes révolutions produisent toujours des effets indestructibles. Une sage politique doit par conséquent transiger avec elles, et c'est dans ce sens qu'il faut présenter la révolution française à la justice et à la clémence des princes ; car si la guerre la plus glorieuse est celle qui se termine en pardonnant aux vaincus, la paix la plus durable est celle qui se fait avec générosité ; de même que la plus grande gloire que puisse acquérir le prince, c'est de ne pas déployer contre les coupables toute la sévérité que peuvent mériter leurs fautes.

Après l'extinction de la ligue, l'on reprochait à Henri IV son trop de clémence ; il répondit : « S'il y en a qui se sont étrangement » oubliés, il suffit qu'ils se reconnaissent et » qu'on ne m'en parle plus. Et cependant » (dit Vatel), qui fut plus indignement ou- » tragé de ses sujets que le grand Henri ? mais » il vainquit et pardonna toujours, et cet ex- » cellent prince obtint enfin une conquête » digne de lui, *il gagna des sujets fidèles.* » (1)

Nous parlerons souvent de Henri IV dans cet opuscule ; mais ce Roi vient de sauver une seconde fois le royaume de France, et nous traçons ces pages sous ses illustres descendans.

L'expérience de vingt-cinq années de révolution a prouvé que le principe de la légitimité des souverains était l'une des plus solides garanties de l'ordre social ; elle a prouvé aussi

---

(1) *Droit des Gens*, tom. II, liv. 3, chap. 18.

qu'un gouvernement fort, mais constitutionnel, était le plus grand bienfait dont pussent jouir les peuples. Nous disons constitutionnel, car, à Dieu ne plaise que le caractère français puisse jamais être dégradé par les malheurs même les plus extrêmes, au point que l'on n'ose plus proférer en France le mot de liberté, c'est-à-dire, de constitution ou de droits de la nation! Une liberté sage et bien ordonnée est le besoin des ames généreuses; elle est le vœu de tous les Français : craindre d'énoncer ce vœu, ce serait méconnaître le monarque rendu à notre amour; ce serait l'outrager, que d'invoquer le despotisme, ou, pour mieux dire, les vengeances, qui finissent toujours par lui servir d'escorte. Les mauvais princes se vengent; mais les grands Rois oublient et pardonnent : les mauvais princes veulent une autorité sans bornes; les bons Rois protégent la liberté de leurs peuples, en même tems qu'ils désirent de la mesure dans cette liberté.

Le chancelier de Birague disait aux Rois, fils de Henri II, « qu'ils ne sortiraient jamais » d'affaire par la voie des armes et des lois, » mais bien par le moien de cuisiniers et de

» bourreaux. (1) » Il n'y avait que des Rois comme Charles IX et Henri III auxquels un ministre pût dire de telles choses, et il n'y avait qu'un ministre comme Birague qui pût donner de semblables conseils. C'est de lui dont Mézeray a dit, qu'*il ployait comme un roseau à tous les vents de la cour, considérant plus un valet de faveur que toutes les lois du royaume.*

Sully disait à Henri IV : « La première » goutte de sang versée, qui peut dire où » s'arrêteront les supplices, les vengeances et » les craintes, et, par suite de ce, les troubles? » Sire, il faut de grands tempéramens là où » tout le monde a des droits ou croit en avoir; » même les plus coupables. (2) » Sully a été le premier ministre que la maison de Bourbon ait eu en France, et c'est avec ces maximes que cette maison a pris possession du trône de France; c'est avec ces maximes de justice et de clémence qu'Henri IV ramena, parmi ses sujets, la bonne foi, l'union et la paix; c'est ainsi qu'il sauva la France des étrangers et d'elle-même.

---

(1) Amelot de la Houssaye, *Mélanges historiques.*

(2) *Mémoires de Sully*, tom. III.

Plein de l'esprit du plus illustre de ses aïeux, Louis XVIII assure à ses sujets l'oubli total et sincère du passé, une monarchie limitée et constitutionnelle, une représentation nationale sage, modérée et indépendante : Louis XVIII *sauvera* donc la France ; car le salut de l'Etat, la stabilité du trône et le bonheur des sujets, tout est renfermé dans ces promesses et dans l'observation de ces règles. Ici, la parole du Roi devient celle de tous les Français, et son observation est *l'intérêt de tous.*

Une révolution sans exemple dans l'histoire des empires, et par ses résultats et par son influence politique, vient de précipiter l'Europe entière sur la France ; tous les peuples ont fondu sur un seul peuple. Mais, dans leur humiliation même, les Français ont encore sauvé leur honneur et leur réputation de courage ; ils espèrent donc conserver leur indépendance et leur liberté. Après avoir purifié les trônes et l'univers des excès de la révolution française, des forfaits d'un usurpateur abandonné désormais à sa propre renommée, les monarques semblent enfin avoir conduit cette révolution à son terme ; mais, pour la vaincre sans retour, sans danger, il ne faut point la faire passer sous les fourches-Caudines, et punir toute une nation des crimes ou de l'ambition d'un seul homme.

Parce qu'un usurpateur a pu abuser de la liberté, au point d'établir une tyrannie qui fut fatale à toute l'Europe, il ne faut point ravir à un grand peuple, si long-tems opprimé, la portion d'indépendance et de liberté qui lui appartient essentiellement ; et si l'on ne veut point, d'un autre côté, que de nouveaux malheurs succèdent aux malheurs sans nombre qui nous ont tous également désolé, l'on ne doit point rappeler sans cesse les causes ou les effets de ce grand bouleversement. Une révolution peut bien être vaincue par la force, mais elle n'est soumise que par la générosité: il serait d'ailleurs injuste, et peut-être ne serait-il pas possible de détruire ce qu'il y eut de sage, de bon, même d'utile dans la révolution française.

Tous les partis accusent la révolution, et la révolution accuse tous les partis ; cela vient de ce que la vérité et la raison trouvent peu de partisans parmi les hommes, tandis que les passions y trouvent des fanatiques. Mais, les révolutions ont leurs *droits*, ainsi que les individus ; le pardon et l'oubli sont les seuls remèdes propres à guérir les maux qu'elles causent, parce qu'ils peuvent seuls faire renaître la confiance et la sécurité publiques : la justice pour autrui est donc, dans de semblables circonstances, une charité pour soi-même. Mais un pardon ne serait pas entier et général, si l'inquiétude, les craintes, ou même les soupçons pouvaient subsister après les punitions que la justice, c'est-à-dire l'intérêt de la société, se serait crue obligée d'exercer ; on voit donc, qu'après de grands bouleversemens politiques, la sûreté des princes et des sujets dépend de la confiance réciproque des uns envers les autres, et par conséquent de la stricte exécution des promesses faites de part et d'autre.

S'il n'y a pas de meilleur gouvernement que celui qui arrive après la tyrannie, comme dit Tacite, quelle nation doit espérer un plus heureux avenir que la nation française ? Elle a gémi sous la plus exécrable, la plus longue, la plus immense de toutes les tyrannies : l'usurpation militaire. Mais, lorsqu'une telle usurpation est pour jamais brisée, détruite, abhorrée, lorsque le monarque légitime se fait une gloire de tout pardonner, lorsqu'il place sa grandeur dans la clémence, quel est le sujet qui puisse refuser à sa patrie, à son Roi, le sacrifice de ses prétentions, de ses ressentimens, de ses souffrances? Tous ne doivent-ils pas acquitter alors la parole du Roi, la parole d'oubli?

Sans doute les souffrances furent extrêmes; nul droit, nul parti, nul individu n'ont été à l'abri du malheur; il a pénétré par-tout avec la corruption des tems. Cela ne pouvait guère être autrement, parce qu'une révolution, en aggravant tous les vices, engendre et multiplie à l'infini tous les crimes. Il ne faut pas néanmoins juger de ces délits, quelque graves qu'ils puissent être, comme on en jugerait dans des tems ordinaires; car les crimes politiques sont d'une autre nature, ils ont un autre caractère que les crimes qui n'affectent que l'ordre civil, l'ordre régulier. *Il y a*, dit Plutarque, *dans les tems de troubles et de révolutions, certaines maladies d'esprit qui déplacent les hommes de leur assiette naturelle.* M. Burke, ce noble défenseur de l'autorité légitime, ne craint pas de dire: « C'est l'opi-
» nion qui fait le crime de haute-trahison dans
» les tems de troubles, parce que rien ne peut
» être aussi facilement égaré ou corrompu
» dans de pareils tems; on punit alors ce que

» la loi ne définit même pas (1). » Le chancelier de L'Hôpital, qui savait mieux qu'homme du monde comment il fallait faire des édits, tenait pour maxime infaillible, dit Amelot de la Houssaye, qu'*il faut, en tems de révolutions, que les édits s'accommodent aux tems et aux personnes, et non pas les personnes et les tems aux édits.* On voit donc quelle indulgence des tems semblables ont droit d'attendre; le nombre des coupables ou des gens égarés oblige encore à la clémence, parce que la punition la plus juste en elle-même devient cruauté lorsqu'elle s'étend à un trop grand nombre de coupables : *Non medicinam illud, sed cladem appellans.* Tac. ann. I. Aussi Philippe II et le duc d'Albe ont laissé un nom exécrable, et leur mémoire est maudite dans l'histoire!

On a célébré au contraire, dans tous les tems, la clémence des princes, encore plus que leur justice. « César ne se vengea d'au» cun de ceux qui avaient mal parlé de lui, » ni même de plusieurs conjurations décou» vertes contre lui. (2) » Cicéron élève sa

(1) *Réflexions sur la Révolution de France*, édition de Londres. 337.

(2) *Orat. pro M. Marcell.*

clémence au-dessus de toutes ses autres victoires. « Il brûla les lettres de Pompée sans » les lire; on ne vit jamais en lui aucun » souvenir de l'injure après la réconciliation (1). Qui a rendu le nom d'Auguste immortel? sa clémence. Mais pour nous rapprocher de nos tems, Bacon loue Henri VII de s'être contenté de la punition de » deux ou trois complices de la conjuration » de Perkin, qui se disait Richard, duc » d'Yorck, et, comme tel, héritier de la » couronne, quoiqu'une infinité de grands du » royaume eussent été impliqués dans cette » tentative d'usurpation, dans cette révolte » qui s'étendit dans les trois royaumes, pendant l'espace de tant d'années. (2) » Hume reproche à Jacques II, comme une faute et comme une injustice, de n'avoir cessé de répandre du sang pour l'affaire du duc de Montmouth; aussi Jacques II, dit Hume, perdit la couronne que Charles II avait recouvrée et conservée. Voici comme le grand écrivain anglais parle de ce dernier Roi : « Il admit à son » conseil diverses personnes d'un mérite re-

---

(1) *Petron. Satyric.*

(2) Bacon, *in Vita Henri VII*, p. 118.

» connu, sans aucun égard pour la distinction des partis ; les presbytériens et les royalistes partagèrent également cet honneur... Rien ne contribua tant à la satisfaction du public, *et ne lui fit juger plus favorablement de l'avenir*, que le premier choix qu'il vit faire au nouveau monarque de ses principaux ministres et de ses favoris... Charles avait sagement choisi pour ministres les personnes les plus versées dans les affaires du tems, sans aucune distinction du parti que ces personnes avaient suivi pendant les troubles ; et en cela, le Roi avait fait preuve d'une haute prévoyance pour les intérêts de sa couronne, non moins que pour la prospérité de ses sujets. Car de telles affaires que celles qui arrivent à la suite des révolutions, demandent auprès du prince des esprits exercés, des gens de tête et d'expérience qui puissent donner les conseils les plus salutaires dans de telles circonstances.....

» Sa douceur naturelle le rendant incapable de ressentiment, il assura le pardon aux plus coupables de ses ennemis, et laissa des espérances de faveur à ceux dont il

» avait essuyé les plus violentes oppositions. » En un mot, dans toute la suite de ses actions et de ses discours, il parut aussi disposé à perdre le souvenir des anciennes » animosités qu'à réunir tous les cœurs dans » une vive affection pour leur prince et pour » leur patrie (1). »

Le grand chancelier d'Angleterre, comte de Clarendon, dit, dans la préface de son Histoire des guerres civiles de ce royaume, que, dans sa harangue aux deux chambres, « Charles II crut nécessaire de recommander que » tous les prétextes de division, de distinction » entre ses sujets fussent *ensevelis et oubliés pour jamais*, étant de *son honneur* » et de *son intérêt* de régner sur tous également. Ce fut la raison pour laquelle, aussitôt après son rétablissement, il choisit pour » grand chambellan le comte de *Manchester*, » qu'on se souvenait avoir été un des chefs » de la rebellion contre le roi Charles Ier, » mais s'était attaché aux intérêts de Charles II, » et lui avait rendu des services importans. » Son but, en élevant ce seigneur dans une

(1) Hume, *Histoire des Stuarts*, tome III, livre 1, p. 83.

» place si éminente auprès de sa personne, » était de faire voir à toute la nation qu'il » commençait lui-même à pratiquer l'art » d'oublier les fautes passées, auquel il exhor- » tait les autres. En effet, il était avantageux » au Roi, en entrant dans le royaume, de » faire connaître à ses sujets que chacun d'eux, » sans distinction, pouvait se rendre capable, » par sa conduite, de parvenir à toutes les » charges et dignités. »

Clarendon et Hume, ces historiens si recommandables que nous venons de citer, disent qu'une semblable conduite, de la part de Charles II, était *justice* autant que *bonne politique*, et ils ajoutent que les véritables amis de ce Roi le conseillaient ainsi:

Ils ne sont pas, en effet, amis du prince ceux qui lui conseillent des actes contraires à la justice, à sa dignité, c'est-à-dire à ses intérêts. Par exemple, l'homme qui aurait fait entendre le mot *vengeance*, *réaction*, aux portes du Louvre, lorsque Henri IV y rentrait, cet homme eût été assurément ennemi de la gloire et des intérêts de son prince, quand bien même il l'eût servi *de sa vie* depuis la bataille de Coutras jusqu'à la reddition de Paris; de plus, cet homme eût attenté à la volonté du monarque, puisque, « au » moment de son entrée à Paris, Henri avait » fait publier une ordonnance, arrêtée deux » jours auparavant à Senlis, par laquelle il » pardonnait, *même aux seize.* » (1) Henri agissait avec générosité, et en même tems avec sagesse.

Car les révolutions, et en général toutes les grandes crises politiques, ne peuvent être conduites à une fin heureuse et durable que par l'amnistie. « L'amnistie est un oubli par- » fait du passé ; dès qu'elle est publiée, tout » le passé est effacé comme s'il n'avait jamais » existé : personne ne peut être recherché » pour ce qui s'est fait à l'occasion des trou- » bles. Le prince, religieux observateur de sa » parole, doit garder fidèlement tout ce qu'il » a promis aux rebelles même, j'entends à ceux » de sujets qui se sont révoltés sans raison et » sans nécessité. *Que serait devenue la France,* » *si les ligueurs n'avaient pu se fier aux pro-* » *messes de Henri-le-Grand?* » (2) Grotius, Puffendorf, Montesquieu, etc., tous les publicistes qui ont traité du droit des gens et des intérêts du prince s'expriment de la même

(1) *Journal de Henri*, par l'Etoile, tom. II.

(2) Vatel, tom. II, p. 201.

manière. Machiavel, lui-même, veut qu'on garde religieusement la foi jurée dans une amnistie; il blâme la maxime de diviser les sujets, afin de régner avec une puissance absolue, en ajoutant « qu'un tel secret de politique » peut être utile à une domination usurpée, » mais qu'une *domination légitime* ne peut » trop unir les sujets; que c'est la faiblesse » du gouvernement qui fait recourir à cette » division; qu'elle porte le même préjudice » à l'autorité souveraine qu'à l'Etat lui-même, » parce que le monarque et l'Etat ne sont ja- » mais plus puissans que lorsque les sujets » sont parfaitement unis. (1)

L'amnistie, comme on voit, est appropriée à la clémence non moins qu'à la justice politique.

Mais, la justice politique doit s'accommoder et se plier au tems, c'est leur nécessité qui doit servir de mesure à l'indulgence du prince. Là où tant de monde est coupable, personne n'est coupable, dit très-bien Puffendorf; *les tems seuls ont fait le mal.*

Il est d'ailleurs un principe de tous les tems et de tous les lieux; c'est celui-ci : « Les » princes sages examinent de loin quels peu-

(1) Mach. *Traité du Prince*, 104 et 111.

» vent être les conjonctures qui leur seraient » contraires, et, en cas qu'elles survinssent, » de quelles gens ils auraient alors besoin; il » faut donc vivre avec eux de la même ma- » nière dont on serait obligé de le faire, » en cas qu'il survînt quelque accident fâ- » cheux (1). » En s'exprimant ainsi, Amelot énonçait les sentimens d'un fidèle sujet, en même tems qu'il professait les maximes d'un homme d'état. L'histoire d'Angleterre et l'histoire de France, prouvent cette vérité politique presque à chaque règne.

Tous les historiens qui ont écrit sur les deux derniers Stuart, notamment Hume et M. Fox, avouent que Charles II fit une grande faute en sacrifiant le comte de Straffort, en abandonnant le comte de *Clarendon* à l'ambition et à la malice d'un grand nombre d'ennemis, sur-tout de ceux qui aspiraient à de nouvelles dignités à la cour, et à faire des changemens dans l'Etat. L'éditeur Anglais de l'histoire de Clarendon, dit, dans son introduction : « En se défaisant d'un ministre im- » portun, afin que personne n'eut la hardiesse » de lui dire la vérité, Charles II ne posséda

---

(1) *Discours politiques*, ch. 148, parag. 6.

» pourtant presque jamais aucune tranquillité » pendant tout le reste de son règne. Les » factions différentes le déchiraient pour ainsi » dire en pièces, favorisant tantôt un parti, » et tantôt un autre, sans savoir à quoi se » déterminer, et sans avoir assez de con- » fiance en aucun de ses ministres, pour le » guider dans toutes ces inquiétudes et agi- » tations dont il était lui-même la cause, pour » avoir cédé aux perfides instances qu'on lui » avait faites pour l'obliger à renvoyer un » ministre vieilli dans la connaissance des af- » faires et troubles du royaume. Il y avait de » certaines heures où il regrettait fort un mi- » nistre de si grande expérience, qu'il savait » être un pilote beaucoup plus expert que » les nouveaux ministres d'état ; et il aurait » bien souhaité de n'avoir pas donné lieu, par » un éloignement trop précipité de ce fidèle » serviteur, aux nouveaux conseils et aux » nouvelles mesures qu'on lui fit prendre » pendant le reste de sa vie, et qui influèrent » beaucoup sur la malheureuse destinée de » son frère Jacques II. » (1)

---

(1) De pareils exemples sont communs dans l'histoire. Ce qui doit étonner seulement, c'est que, malgré tant de leçons, les moyens qu'on emploie pour perdre les

Hume juge avec sa profondeur ordinaire le roi Charles II, lorsqu'après avoir dit, qu'on avait remarqué de ce prince « qu'il n'avait » jamais dit une chose folle, et qu'il n'en avait » jamais fait une sage. » Il ajoute : censure quoique excessive qui semble avoir eu quelque fondement dans son caractère et dans sa conduite.

La conduite de Henri IV fut bien différente;

---

meilleurs ministres aient presque toujours le même succès. La nature des reproches ne fait rien à la chose : absurdes ou fondés, ils portent le même coup.

Qu'on ne soit donc pas surpris de voir réussir parmi nous, contre un des premiers hommes d'état, ce qui a si souvent réussi dans d'autres pays et dans d'autres tems. Il faut bien qu'en ce genre le succès soit facile, puisqu'on peut l'obtenir contre un grand ministre par des accusations moins propres à lui nuire qu'à faire sentir le prix et le besoin de ses services. Les uns lui reprochent d'avoir trop dit de vérités, comme si l'on servait mieux les princes par la flatterie que par la vérité; les autres lui font un crime de sa modération, comme s'il valait mieux remuer toutes les passions que de les calmer.

Une chose plus singulière encore, c'est que parmi ceux qui se croient les plus purs royalistes, il y ait des hommes qui lui reprochent d'avoir trahi Bonaparte, comme pour arriver, par des insinuations, à le perdre elle fut toujours conforme aux maximes de la véritable grandeur, de la véritable poilitique : c'est qu'Henri IV était le premier homme d'état de son royaume.

Dans son *Histoire du Parlement*, Voltaire remarque avec une grande vérité, que lorsqu'on approfondit la conduite de Henri IV, on lui trouve, avec la bonne foi la plus incorruptible, la politique des d'*Ossat* et des

---

dans la confiance du Roi. Il nous semble que ces derniers auraient quelque chose de mieux à faire, et un meilleur moyen d'accusation à choisir, ce serait de reprocher au même ministre d'avoir trop constamment lutté contre Bonaparte, pour l'empêcher de courir vers sa ruine ; d'avoir mis trop de zèle et de persévérance à réprimer la violence de son caractère et à contrecarrer ses projets d'ambition ; d'avoir essuyé vingt disgrâces et couru mille dangers, en lui conseillant de faire tout le contraire de ce qui l'a perdu, et en contribuant peut-être ainsi à le retenir quelques années de plus sur un trône dont il était comme impatient de tomber. Voilà des reproches dignes d'être faits par de vrais royalistes ; mais l'autre est par trop ridicule, par trop contraire aux sentimens de loyauté et à l'inébranlable caractère d'un ministre qui, dans une longue et périlleuse carrière, consacrée plutôt aux intérêts de la patrie qu'à la personne même du prince, n'a jamais été surpris en contravention avec ses devoirs et ses sermens.

Villeroi, et que ce grand prince dut son royaume autant à son esprit qu'à son courage. Il savait combien il est dangereux de tenir les esprits dans la terreur, par la crainte de continuelles punitions; car, en suivant un pareil système, l'on rend plus hardis et plus entreprenans ceux qui craignent de périr, et l'on rend à jamais irréconciliables les hommes qui ont vieilli dans les troubles publics. Aucun Roi n'eût jamais plus de conspirations, de révoltes et de trahisons à punir qu'Henri IV, et jamais aucun Roi ne pardonna cependant davantage. En pardonnant de bonne foi, il fit tomber les armes des mains les plus rebelles, il obtint l'amour des cœurs les plus endurcis, il parvint à étouffer les dissentions civiles, quoique le fanatisme religieux s'étudiât à leur prêter, sans cesse, une vie nouvelle et de nouvelles fureurs : « On vit presque » en un moment les factions éteintes, un Roi » légitime affermi sur le trône, l'autorité du » magistrat, la liberté publique et les lois » rétablies. » (1) Henri IV désarma à la fois le ciel et la terre, si l'on peut parler de la sorte. Aussi, la véritable gloire de ce prince

---

(1) Volt. *Histoire du Parlement*, 169, 177.

n'est pas d'avoir conquis son royaume, mais d'avoir su le pacifier et le gouverner, et cette espèce de gloire surpasse de bien loin celle des conquérans : tant il est vrai que l'art de règner est au-dessus de l'art de conquérir; l'un ne demande que beaucoup d'audace, l'autre ne s'obtient que par beaucoup de sagesse et de générosité. Henri IV est un prince fait pour être l'ornement d'un caractère royal, dit très-bien M. Burke.

Il faut voir, dans tous les historiens du tems, les obstacles que ce prince eut à surmonter au moment où il monta sur le trône. « Alors, commença pour lui une carrière » semée de pas glissans, entre deux préci- » pices également difficiles à éviter. Les ré- » formés, le voyant devenu catholique, de- » mandaient des édits qui assurassent leur état. » Les catholiques avaient l'œil ouvert sur » lui, pour voir s'il ne ferait point de grâces » à ces premiers favoris à leur préjudice. » D'un autre côté, les ligueurs mettaient à » prix leur soumission, et les anciens roya- » listes murmuraient de voir entre les mains » des rebelles, les dignités et les biens qu'ils » regardaient comme devant être le prix de » leur fidélité; en sorte, que le plus sincère et

» le meilleur des Rois passait pour hypocrite » auprès des catholiques jaloux, et pour ingrat » et avare auprès du calviniste mécontent » et du courtisan mercénaire. » (1) Pasquier entre aussi dans de grands détails à cet égard, et il ne dissimule point « que par les traits » d'humeur qui échappèrent plusieurs fois » à Henri, dans ces discussions où il était » pour ainsi dire arraché de chaque côté, on » jugea que ce furent les momens les plus » amers de sa vie. » (2)

On dirait que d'Aubigné et Pasquier ont écrit de nos jours, tant les mêmes causes produisent toujours les mêmes effets.

Mais, Henri avait la vraie magnanimité, celle qui se montre, non pas à être modéré envers ses amis et les personnes vertueuses, mais à pardonner les offenses les plus cruelles, et à s'élever au-dessus de toutes sortes de vengeances. Le vainqueur de la ligue se conduisit avec une loyauté et une fermeté admirables. « Il fit justice de ces crimes qui, dans tout » Etat bien ordonné, ne doivent jamais rester » impunis. Une cinquantaine d'exécutions

(1) D'Aubigné, tom. III, liv. 3, p. 505.

(2) Pasquier, liv. X, lettre 30.

» eurent lieu dans les deux années qui sui-
» virent la restauration ; elles furent ordon-
» nées pour des assassinats, ou pour des
» crimes privés emportant peine capitale,
» qui avaient été commis pendant la ligue. Il
» y eut quatorze exécutions de personnes qui
» avaient pratiqué pour tuer le Roi depuis
» son entrée ; mais tout ce qui avait été tenté
» auparavant contre lui fut, à ses yeux,
» comme s'il n'avait point existé. (1) » La duchesse de Montpensier avait participé à l'assassinat de Henri III, et ouvertement provoqué celui de Henri IV ; elle n'en fut jamais recherchée, ni *reprochée*, disent l'Etoile et tous les écrivains contemporains.

Obligé de punir, ou plutôt de disgracier publiquement plusieurs grands coupables, Henri fit éclater une modération extrême. « Il
» fut envoyé des *billets*, ou lettres d'exil, aux
» plus violens des séditieux ; mais, si les mi-
» nistres eussent voulu l'en croire, il aurait
» laissé dans Paris tous les séditieux. Sa bonté
» gémit, lorsqu'il fallut donner des ordres
» pour éloigner les plus mutins, ceux qui se
» répandaient contre lui après en avoir reçu

(2) L'Etoile, tom. II.

» pardon ; car la rage du fanatisme était portée à un tel degré, qu'une foule de ligueurs ne craignaient pas de se répandre en invectives parricides contre le Roi. En sévissant contr'eux, il se dédommagea de cette violence faite à sa générosité naturelle par ses bonnes manières à l'égard des autres. Au moment même de son entrée à Paris, il envoya assurer les duchesses de Nemours et de Montpensier de sa protection. Cette dernière avait vendu ses pierreries pour payer la tête de Henri aux assassins. La seule punition que le Roi lui imposa fut de l'inviter, le soir même de son entrée, à faire sa partie de cartes. Tous les autres, même les exilés, se ressentirent de sa bienfaisance, puisqu'il n'y en avait pas un seul qui ne méritât d'être puni beaucoup plus sévèrement. Mais le Roi voulut qu'il ne restât aucune trace de désunion, et que la concorde fût rétablie par l'égalité. (1) »

Chaque jour, cependant, on lui faisait un crime de cette bienveillance ; on le pressait *au nom de sa sûreté*, on le conjurait *au nom*

---

(1) *Journal de Henri* IV, tom. II. — *Esprit de la ligue*, tom III, p. 277.

de l'Etat et de la France entière, de proscrire, d'exiler, de punir. Mais, en entrant à Paris, Henri avait donné un exemple qu'il ne démentit jamais. « Fut, ce jour-là même, sup-
» pliée S. M. par messieurs de la ville de Paris
» en corps, de trouver bon qu'on chassât les
» ligueurs, et qu'il était de nécessité d'y pour-
» voir; auxquels le Roi répondit sommaire-
» ment qu'il ne pouvait trouver bon qu'ils
» les chassassent, pour ce qu'il les recon-
» naissait tous pour ses sujets, et les voulait
» traiter et aimer également; mais qu'ils sur-
» veillassent les mauvais de si près, qu'ils ne
» pussent faire mal aux gens de bien (1). « Le grand Roi, le véritable père de ses sujets, ne voulait que pardonner et aimer; les courtisans, au contraire, se montraient inexorables : ils rappelaient tous les crimes, toutes les fautes, toutes les erreurs, ce qui avait été public, ce qui était ignoré, ce que le prince ne devait pas savoir, ce qu'il ne voulait pas savoir, ce qui avait été écrit, dit, pensé dans les jours du malheur et de la colère, et même ce qui avait été confié sous la religion de l'amitié dans les tems déplorables dont on

(2) L'Etoile, 152.

sortait : des hommes qui n'avaient rien oublié *que leur propre conduite*, voulaient empêcher le prince de se livrer aux nobles impulsions d'un cœur royal, et c'est pour cela même qu'ils s'attachaient à dénaturer, à corrompre l'opinion publique, à la déchaîner contre les sujets coupables ou malheureux que le Roi couvrait de toute sa clémence. Et quel est le citoyen, même innocent, qui puisse résister à l'opinion publique, dans les tems de révolutions? Les délateurs sont assurés, alors, d'immoler leurs victimes, car l'opinion gouverne les rois et les peuples.

Sophocle estimait *l'opinion* plus forte et plus puissante que la vérité. Pindare l'appelait la souveraine des dieux et des hommes. Les payens en faisait une divinité qui présidait aux jugemens des hommes. En effet, il y a dans l'esprit humain une disposition, un penchant presqu'invincible qui nous rend dupes de nos propres passions et de celles des autres. Aussi, presque tous les hommes sont soumis à l'opinion publique, et les plus sages même sentent l'importance de la mettre dans leur parti. « L'opinion d'autrui (dit un des plus » grands moralistes de l'antiquité), n'influe » pas moins sur notre conduite que sur nos

» connaissances, et nous nous laissons plutôt
» entraîner par l'exemple ou les discours
» publics, que nous ne suivons des principes
» capables de nous rendre heureux et de nous
» porter vers le bien. » (1)

Que l'on juge donc et de l'importance et des effets de *l'opinion* en matières politiques et dans des tems de troubles, lorsque cette opinion est égarée et enflammée par les passions qui, presque toujours sont accompagnées de la calomnie, lorsqu'indépendamment de la violence des événemens, des écrivains mercenaires ne peignent les événemens qu'avec de certaines couleurs, et ne disent la vérité que pour de certaines gens ? Alors la justice est à peine entendue, ou sa voix est aussitôt étouffée ; car la justice a pour ennemis ces hommes faibles, et par conséquent prévenus, qui, craignant tout parce qu'ils ont tout souffert, et les hommes ambitieux, avides, irascibles, et ceux qui ont soif de la célébrité, et ceux qui vivent sous le joug des préjugés, enfin ces hommes qui, dans les révolutions politiques, se portent toujours pour accusateurs, afin de détourner les soupçons de dessus leur propre

(1) *Senec.. de Vitâ beat.*, c. 1.

conduite. Que de moyens pour empêcher la vérité de se faire jour dans l'opinion publique, sur-tout lorsque les courtisans, les gens en crédit, les écrivains et les folliculaires dénaturent la vérité selon leurs caprices ou les passions qui les animent !

S'il n'y avait point de flatteurs, il n'y aurait point de mauvais princes ; *c'était Louis XI* qui s'exprimait de cette manière. Ce monarque disait aussi que, dans la maison de père, il avait trouvé de tout, hors de la vérité. Mais, si les courtisans cachent la vérité aux Rois, la plupart des écrivains ne la disent pas davantage au public ; ils le traitent à cet égard en véritable souverain ; sans doute, ces *régulateurs* de l'opinion publique ont de bonnes raisons pour en agir ainsi ! Ecoutons un de ces hommes qui se chargent chaque matin du soin de parler à toute une nation : « Le public » est en général accusateur ; il admet du moins » avec une très-rare facilité les accusations « qui sont portées à son tribunal ; il ne les » discute point comme s'il craignait de les » trouver fausses, et qu'il lui fût beaucoup » plus agréable de trouver des coupables. » Après un tel aveu, on devrait penser que ces hommes apporteraient une sagesse et une prudence extrêmes dans leurs discours ; mais non, il était réservé à notre siècle de donner dans tous les genres, l'exemple d'une cupidité insatiable et d'une corruption sans bornes !

Aux yeux de la plupart de ces écrivains périodiques, on devient innocent ou coupable ; on est signalé chaque matin à la haine ou présenté à l'estime de ses concitoyens, selon les calculs de l'avarice ou de la vengeance personnelle ; ces écrivains immolent sans pitié l'homme le plus innocent, ils louent sans prudence l'homme le plus coupable ; pour eux, la justice n'est qu'un être de raison, l'impartialité un mot, la vérité un mensonge : les lois, tous les devoirs, toutes les convenances ils les subordonnent aux passions, c'est-à-dire aux nouvelles du jour ; ils sont vendus aux événemens, et ils trafiquent à la fois de la gloire du prince et des malheurs de la patrie.

Est-ce une suite de la perversité, de la faiblesse humaines, ou bien est-ce l'effet inévitable des grands bouleversemens qui s'opèrent dans un Etat ? On est effrayé, lorsqu'on lit dans Tacite cette succession de délateurs qui avaient pris naissance dans les guerres civiles, et qui se perpétuèrent jusqu'à la destruction de l'empire : Rome se vit remplie d'écrivains qui dénonçaient leurs concitoyens *au nom de la patrie ou du prince ;* ils avaient des accusations prêtes pour chaque homme public, pour chaque citoyen obscur ; les grandes richesses, les anciennes fonctions, un grand mérite même modeste, tout était signalé comme un crime, comme une *conspiration future ;* la moindre faute, la moindre erreur étaient des attentats ; ils ne pardonnaient point les faiblesses que la rigueur des tems avait rendues pour ainsi dire inévitables ; aux yeux de ces hommes, il fallait n'avoir jamais eu un tort, même involontaire, et eux seuls avaient eu une conduite toujours pure, constamment irréprochable. Ils tenaient registre de toutes les fautes passées, et sous prétexte que rien n'est à ménager lorsqu'il s'agit du service du prince, ils commettaient des excès sans nombre et se livraient à toutes les injustices ; ils prospéraient en raison même de leur hardiesse, de leurs entreprises, et la haine publique faisait leur sûreté ; ils se justifiaient toujours, en disant qu'ils n'avaient pour objet que *le salut de l'Etat.* Tibère comprenait cette espèce de délateurs entre les moyens de gouverner, dit Tacite, *inter instrumenta regni ;* il appelait ces hommes, les gardiens des lois, les amis de la patrie ; mais Tibère, lui-même, *se lassa de leurs crimes et les en punit.* Sous les règnes de Nerva et de Trajan, tems d'une rare félicité, il n'y avait plus de ces hommes qui entretiennent les maux de l'Etat, en violant le nom sacré du prince, observe M. de Montesquieu ; c'est que les délateurs ne prospèrent que sous un mauvais gouvernement, ajoute ce grand écrivain. « Il n'y a point, dit-il, » un seul souverain en Europe, qui ne re- » connaisse aujourd'hui qu'il n'y a plus que » la bonté du gouvernement qui donne de la » prospérité, de même qu'il n'y a que les » princes sages et modérés qui se maintien- » nent avec facilité sur le trône. On a com- » mencé à se guérir du machiavélisme ; ce » qu'on appelait autrefois des coups d'Etat, » de grandes vengeances, *ne serait aujour-* » *d'hui, indépendamment de l'horreur, que* » *des imprudences :* et il est heureux pour les » hommes d'être dans une situation où, pen- » dant que leurs passions leur inspirent d'être » méchans, ils ont pourtant intérêt de ne pas » l'être. » (1) Et, en effet, quels sont les Français que leurs passions porteraient aujour-

(1) *Génie de Montesquieu*, ch. 25 et 33.

d'hui à se venger, et auxquels leur intérêt même ne fît pas une loi de renoncer à tout projet de vengeance? quels sont les Français que la justice et la clémence de Louis XVIII n'arrêteraient pas au même instant?

Et cependant, il est des écrivains qui osent professer hautement des sentimens de réaction et de vengeance! Dans une de ces productions qui naissent et meurent chaque jour, l'on vient de solliciter la spoliation, la proscription de douze cent mille individus *pour sauver la France;* Marat aussi demandait douze cent mille têtes, en 1793, pour sauver la *patrie!* Avec quelle dignité, avec quel patriotisme, avec quelle justice de principes sur-tout les pamphlétaires d'aujourd'hui essaient-ils de prouver que les douze cent mille signataires de *l'acte additionnel* d'un tyran sont les ennemis de l'Etat et du Roi!..... Mais de quoi s'étonner, lorsqu'on lit dans une de ces feuilles, *consacrées à la vérité*, que Henri IV *exerça des vengeances?* Faut-il donc être surpris que des écrivains aient osé calomnier Louis XVIII, lui supposer des intentions contraires à ses promesses, lui imputer les desseins de rétablir les dîmes, les droits féodaux, de spolier les acquéreurs des biens nationaux ; imputations dont S. M. se plaint avec tant de dignité et de raison, dans sa proclamation du 28 juin dernier ?

Henri IV exercer des vengeances ! Sans doute, ce Roi fit quelques exemples de sévérité; mais à combien de coupables et de grands coupables, ne s'empressa-t-il pas de faire grâce, de pardonner? Le comte d'Auvergne, Tavannes, Biron, si souvent pardonné, et toujours criminel, et ce Mayenne, auquel Henri dit, après l'avoir lassé dans une promenade : *Mon cousin, voilà la seule vengeance que je prendrai de vous*..... Ah! le héros couronné l'avait dans son cœur cette maxime du panégyriste de Trajan, « que rien » n'est plus glorieux pour un prince que d'être » offensé impunément ! »

On ne peut se lasser de lire la vie de Henri. « Ce grand prince tendait toujours une main » de bienveillance aux plus compromis, et » furent, en fin de compte, ses grands cou- » sins et meilleurs amis.... Le fougueux évêque » de Senlis se glorifiait, cinq ans après le » retour du Roi, d'avoir signé des premiers » le serment de la ligue, et ajoutait qu'il le » ferait encore, si l'occasion s'en présentait : » il ne fut condamné qu'à une amende de

» cent écus envers les pauvres.... Des confes-
» seurs indiscrets, des prédicateurs emportés
» se permettaient de violentes provocations
» ou les insinuations les plus dangereuses ;
» quand on parlait au Roi de les punir, il
» répondait : *Il faut attendre ; ils sont encore*
» *fâchés.* (1) » Paroles sublimes et véritablement royales, s'il en fut jamais !

Ce monarque ne regardait pas au-dessous de lui d'entrer *en pourparlers* avec ses sujets, et la vérité lui parvenait ainsi accompagnée des bénédictions de son peuple. Catherine de Clèves, douairière de Guise, lui disait : « Sire,
» nous ne concluerons jamais rien avec les
» commissaires que vous nous avez donnés.
» Le chancelier de Chiverny ne fait que haus-
» ser les épaules sans dire autre chose, si-
» non : Il faut voir, il faut penser. Votre se-
» crétaire-d'état, Beaulieu-Ruzé, *est tou-*
» *jours en furie, et ne fait que nous menacer,*
» *et dire que nous sommes encore trop heu-*
» *reux que vous nous laissiez encore la*
» *vie.* (2) » Beaulieu-Ruzé avançait-il beaucoup, de cette manière, les affaires de son

---

(1) L'Etoile, tom. II, p. 280, 359.

(2) *Mélanges historiques d'Amelot*, tom. II, p. 69.

maître? et les conseillers qui tiennent un pareil langage sont-ils les véritables amis du prince? Ce Roi, dont la mémoire vivra éternellement dans le cœur des Français, Henri ne permettait à personne de prononcer entre lui et ses sujets; il savait que, lorsqu'un Roi menace, les courtisans frappent, et le public assomme. Il pardonnait en entrant à Paris; il pardonnait quatre ans après sa restauration, et dans un tems où la faction d'Espagne, où les partisans du duc de Mercœur ne cessaient de provoquer les guerres civiles; il était toujours Henri.

A force de générosité et de clémence, Henri triompha sans retour, comme le dit si ingénument Amelot, de la *mauvaiseté* des tems *et avide cruauté* des malveillans et courtisans qui se disaient ses amis, et étaient, au contraire, ses plus dangereux ennemis. « Sa bonté » et ses vertus lui conquirent véritablement » son royaume, et le transmirent à ses des» cendans. Si Henri IV eût permis à ses mi» nistres, à ses courtisans, même à ses plus » zélés serviteurs de s'abandonner aux ven» geances; s'il n'eût pas observé et fait ob» server religieusement ses promesses de par» don, d'oubli du passé, ce prince et son

» auguste maison eussent, vraisemblablement, perdu pour jamais la couronne de » France : la clémence leur assura cette couronne. (1) »

En pardonnant ainsi, Henri satisfaisait à la justice ; car, pardonner, c'est punir et faire grâce tout à-la-fois ; c'est annoncer qu'une faute existe : le mot *pardon* est un mot répressif ; il parle de lui-même. De perfides conseillers avaient beau représenter à Henri que la majesté du trône et les lois outragées exigeaient la punition des coupables de la ligue, ce Roi n'écoutait que sa magnanimité et sa sagesse. « Si j'en croyais tous ces donneurs de bons avis, disait-il à Sully, je ferais belles choses, et l'on verrait de nouveau ce royaume en beau train. (2) » On avait beau lui dire que *la sûreté de l'Etat* exigeait le châtiment des ligueurs, que *ses peuples le demandaient*, le Roi ne s'écartait point de la ligne de conduite qu'il s'était tracée ; car il connaissait mieux que personne sa situation, les besoins de son royaume, et les intérêts de ses peuples.

---

(1) Volt. *Essai sur les mœurs des Nations*, tom. IV, p. 215.

(2) Mémoires, tom. II.

Nous avons beaucoup parlé d'Henri IV dans cet écrit, et nous nous sommes autorisés des exemples d'un monarque qui entendait parfaitement la raison d'état, cet art qui, selon un grand écrivain, « n'a pour objet que » le repos et la félicité des peuples, et sans » qui la forme des gouvernemens serait tou- » jours chancelante. (1) » Nous avons voulu honorer la France en insistant particulièrement sur la conduite du plus grand prince, du meilleur Roi qu'ait eu ce royaume ; mais il nous aurait été facile de prouver que la même raison d'état ou politique fut commune à tous les siècles et à tous les gouvernemens.

En effet, après de grands troubles, à la suite de révoltes ou de bouleversemens qui ont désolé les Empires, tous les princes sages ont jugé que la clémence pouvait seule cicatriser les plaies d'un Etat ; que la sévérité ne faisait au contraire qu'aggraver ses maux, et que les ministres dont le caractère offrait aux peuples le plus de gages de la parole et de la bienveillance du monarque, étaient ceux qu'il importait le plus à la tranquillité de l'état de

---

(1) Machiavel, *du Prince*. 87.

conserver. Auguste ne mit fin aux guerres civiles, il ne fit oublier le *triumvir* qu'en pardonnant sincèrement aux coupables ou aux vaincus ; il réussit à conserver l'autorité et l'Empire parce qu'il eut la sagesse de garder auprès de sa personne Mécène, et sur-tout Agrippa, qui ne cessaient de lui rallier les esprits et de les porter à l'union et à une *sûre obéissance.* Philippe II perdit les Pays-Bas parce que le duc d'Albe eut le crédit de faire triompher les principes de rigueur, et exaspéra ces provinces par sa cruauté ; le monarque en fut dépossédé parce qu'il ne suivit pas l'avis du cardinal Granvelle, qui lui disait, selon *Herrera, que bien loin de recouvrer de cette manière la Flandre, il s'exposerait encore à perdre l'Espagne qui était son capital.* Granvelle ajoutait, « Sire, V. M. se perdra, si » elle ne veut voir que des révoltés ou des » coupables, là où il ne doit y avoir que des » sujets et des enfans. » Henri VII, dont le règne ne fut qu'une suite de guerres civiles, parvint cependant à sauver l'état, parce qu'il conserva, dit Clarendon, *des ministres véridiques, et qui connaissaient bien la nation et les affaires.* Jacques II, au contraire, perdit la couronne, pour lui et pour sa maison, parce qu'il éloigna, dit Hume, les ministres qui avaient été *associés aux affaires du royaume*; et parce que, à l'instigation de ses courtisans, il mit la sévérité et les actes arbitraires là où il fallait, avant toutes choses, de l'indulgence et une rigoureuse observation des droits de la nation. On trouverait une infinité d'exemples de cette nature dans les histoires de Suède, de Danemarck, d'Allemagne, d'Italie, de Portugal; en un mot, dans tous les gouvernemens modernes de l'Europe.

Mais pour en revenir à nous-mêmes, à l'histoire de France, que l'on se rappelle les calamités royales et nationales qu'occasionna, sous François Ier, le renvoi des deux ministres dont des intrigues de cour décidèrent? Croit-on que la maison de Valois eût conservé le trône de France jusques au règne de Henri IV, si le sage et habile L'Hôpital eût été éloigné des conseils? Mais plus les factions, les courtisans, les princes du sang étaient avides de troubles et de vengeances, plus le chancelier de L'Hôpital leur opposait des édits de réconciliation, de pacification, et de cette manière, dit Amelot, L'Hôpital *fit durer* la forme du gouvernement. Croit-on enfin qu'Henri IV se fût maintenu sur le trône de France, s'il eût éloigné, à la sollicitation de ses gens de cour, le ministre qui ne craignait pas de lui dire la vérité, et de *lui peindre*, comme dit le bon *Péréfixe*, *la véritable physionomie* du royaume? On n'a qu'à considérer ce que devint la France après la mort de Henri, après l'expulsion des ministres, amis de sa personne et de l'Etat, et sous des ministres nouveaux et inhabiles.

Ce sont les factions de cour qui perdent les monarques et les Etats; car elles parlent toujours de punitions. C'est pour la *sûreté* du prince qu'elles invoquent toujours des mesures de sévérité, c'est toujours sous le prétexte des intérêts de l'Etat, que les délateurs veulent porter le prince à des actes de rigueur. « Que » le prince pardonne ses injustices, mais non » celles de la république? » s'écriait *Capiton*, dans l'accusation d'*Ennius*, et Tacite remarque qu'il ne restait plus de flatteries ni de bassesses à inventer après celles-ci. Un orateur fut cependant plus loin sous Constantin; il disait à cet empereur: « Vous avez suivi votre penchant à la clémence, en pardonnant à ceux » qui l'avaient si peu mérité; mais est-il permis de le dire, vous n'êtes pas tout-puissant,

» les Dieux vous vengeront malgré vous. (1) » C'est ainsi que des écrivains périodiques, ou des pamphlétaires chargés d'une grande renommée, disent chaque jour : « que le Roi de France » peut pousser la magnanimité jusqu'à par- » donner le mal qu'on lui a fait ; mais qu'il ne » peut pardonner le mal qu'on a fait à la nation » qui demande justice. » Et tout récemment n'a-t-on pas lu dans une de ces feuilles qui, sous tant de dénominations différentes, distillent tant de venin, ces paroles d'une hypocrite douceur : « On ne saurait trop s'opposer aux » réactions tant qu'elles dépendent de l'homme ; » mais il y a des réactions *de fait* que l'homme » ne peut pas empêcher, qui sont dans la main » de la Providence, et qui s'accomplissent né- » cessairement tôt ou tard par la force des » événemens. » C'est avec de si perfides insinuations, c'est avec ce machiavélisme *de générosité et de langage* que des écrivains, chargés d'éclairer et de calmer les esprits, provoquent de toutes parts les réactions ; c'est ainsi qu'on ensanglante le midi de la France, et qu'on égorge des populations entières en calomniant à-la-fois la religion et le monarque ;

(1) *Eumen. Paneg.*

c'est ainsi qu'on allume un vaste incendie, qu'on éternise des dissentions et des calamités auxquelles le monarque, rendu à nos vœux, conjure tous les Français de mettre enfin un terme!

Et lorsque ce monarque pardonne, lorsqu'il ordonne l'oubli du passé, des écrivains sans justice et sans lumières, distingués seulement par la violence et la couleur de leur style, des empiriques, dictacteurs de l'opinion publique, excitent de toutes parts les vengeances, et ne parlent que de conspiration, de rebellion, de révoltes, crimes préparés ou suscités par l'homme que l'Europe vient de repousser de son sein! Mais, plus cet homme avait été puissant, et de gloire et de force, pendant quatorze années, moins les Français, même les plus coupables, ont peut-être été coupables. Le conquérant qui vit l'Europe à ses genoux, le souverain que tant de Rois saluèrent du nom de frère, cet homme était devenu à lui seul la révolution française; il disposait de toutes les forces de la liberté et de toutes les ressources du despotisme; et depuis quatorze années, il n'y avait plus qu'un seul conspirateur en France, c'était lui.

Cette conspiration est anéantie pour jamais. Le grand coupable est puni, l'Europe a prononcé son jugement, les Rois l'ont exécuté, et la France le confirme en redoublant de fidélité et d'amour pour ses princes légitimes, pour les descendans de Henri IV.

Si l'une de ces entreprises que l'on ne peut ni prévenir ni arrêter, parce qu'elles sont exécutées aussitôt que conçues; si l'un de ces actes de témérité ou de désespoir qui ne réussissent un moment que parce qu'on ne saurait jamais les supposer possibles, vient de plonger la France dans un nouvel abîme de maux, est-ce en le remplissant de victimes que les Français parviendront à le combler? L'honneur trompa nos généraux et nos soldats; ils furent égarés par d'anciens souvenirs; et le prestige de gloire qui avait été attaché aux drapeaux de l'usurpateur, lui livra une seconde fois la France et les Français. Mais dans cette entreprise, il n'y a pas eu conspiration du peuple, de l'armée, des tribunaux, des corps administratifs; tous les Français ont été pris au dépourvu, ainsi que l'Europe entière; car s'il est des circonstances où il devienne impossible à la sagesse et à la fidélité même d'arrêter le torrent d'une opinion devenue presqu'universelle, n'est-ce point lorsqu'un entraînement, né de la fatalité des tems et unique dans l'histoire, a acquis un tel développement et une telle force d'intensité, que vouloir le punir comme on punit les crimes de haute-trahison, ce serait détruire le corps politique ?

Que Bonaparte emporte donc avec lui tous les crimes, toutes les fautes de ces derniers tems, de même qu'il fit à lui seul tous les malheurs de la France. Mais après cette juste et grande expiation envers les rois et envers les peuples, qu'il n'y ait plus de coupables en France. Espérons que la justice du Roi ne trouvera que peu de complices de la trame horrible qui a privé momentanément les Français de leur père ; qu'elle ne trouvera point sur-tout d'autre premier moteur de cette trame que Bonaparte lui-même ; et qui oserait, d'ailleurs, mettre un terme à la clémence d'un Roi dont l'amour pour ses sujets est sans bornes ?

Etouffons tout sentiment de haine, de vengeance, de réaction ; obéissons tous à la noble volonté de Louis XVIII. Effaçons de nos cœurs jusqu'au souvenir des plus justes ressentimens, et que les hommes assez heureux pour n'avoir point commis de fautes, si toutefois il en existe, que les sujets assez heureux pour pouvoir s'honorer d'une conduite sans reproche, y mettent le dernier degré de gloire en usant d'une générosité sans bornes.

Ainsi nous sauverons la patrie expirante, ainsi nous assurerons nos libertés et nos droits, ainsi nous porterons dans l'ame de notre bon Roi les seules consolations dont cette grande ame puisse goûter le charme. Il veut sauver la patrie, il veut la liberté et le bonheur de ses sujets, le monarque qui ne craint pas de dire : « Mon gouvernement devait faire des » fautes, peut-être en a-t-il fait. Il est des » tems où les intentions les plus pures ne » suffisent pas, où quelquefois même elles » égarent. L'expérience seule pouvait aver- » tir, et elle ne sera pas perdue. » Lorsqu'un monarque est assez grand pour tenir ce langage, le sentiment élevé qui le lui inspire devient le gage de ses promesses.

Louis XVIII s'est hautement déclaré, dans sa charte constitutionnelle, en faveur de la liberté publique, du progrès des lumières, et des nouveaux rapports que ces progrès ont introduits dans la société; S. M., dans son ordonnance du 13 juillet, a confirmé encore les promesses contenues dans sa proclamation du 28 juin, d'ajouter à la charte constitutionnelle toutes les garanties qui peuvent en assurer le bienfait. C'est ainsi que le monarque a garanti à ses peuples l'égalité des droits, la liberté individuelle, la liberté des opinions et des cultes, le droit de pétition et la liberté de la presse, la responsabilité des ministres, l'inviolabilité des propriétés dites nationales, et l'entier oubli du passé. Le Roi a donc reconnu et consacré toutes *les idées libérales* produites par les lumières du siècle, et que réclamaient ses peuples; les idées libérales sont celles qui affermissent l'autorité des Rois et les droits des nations; tous les esprits nobles, toutes les ames généreuses professent les principes d'une sage liberté, et c'est en ce sens qu'il est vrai de dire que les Français ont tous, aujourd'hui, *des idées libérales*, qu'ils sont profondément attachés à ces idées, et par conséquent à la charte constitutionnelle qui en est devenue le dépôt et la garantie inviolable.

La France et la liberté constitutionnelle peuvent encore être sauvées, quelque grands que soient les maux de l'état, si tous les Français se pénètrent de la gravité des conjonctures où se trouve la patrie, et des devoirs qu'elle impose à tous ses enfans. Plus de vengeances, plus de ressentimens, plus de souvenirs du passé ! Relevons encore l'amour de la patrie par notre amour pour le Roi, et il triomphera, comme Henri IV, des difficultés innombrables qui l'environnent : car il a le cœur et l'esprit du grand prince qui fit un si noble usage de la justice et de la clémence royales.

Qu'il n'y ait plus en France qu'un seul vœu, comme il ne peut plus y avoir qu'un seul intérêt; le salut de la patrie, le soutien du trône, sur lequel sont fondées la liberté et la prospérité du peuple. Les représentans qu'il va honorer de sa confiance y répondront d'une manière digne d'eux et de nous; ils sentiront que la monarchie limitée, constitutionnelle et représentative, est le seul gouvernement qui puisse convenir à la nation française, à cette nation qui a fait tant de sacrifices pour obtenir une sage liberté, à cette nation qui ne peut trouver son repos et sa gloire que sous un monarque juste appréciateur des droits du peuple.

Après la *restauration* de la monarchie, l'Angleterre était exposée, dit Hume, à des déchiremens, à des factions et à des malheurs qui pouvaient amener sa ruine entière, mais l'Etat fut sauvé par la sagesse du prince et par les bonnes dispositions qui furent prises par les deux chambres. « Il se passa quelque tems » avant que les principales parties d'un Etat » défiguré par la guerre et les factions pussent » être rétablies dans le bon ordre ; mais les » deux chambres entrèrent immédiatement » dans la plus parfaite correspondance avec le » Roi. Les deux chambres firent constamment » preuve d'habileté et de prudence, en lais- » sant les choses telles qu'elles s'étaient trou- » vées au moment de la restauration (1). » Les deux chambres entraient ainsi dans les véritables intérêts du Roi et de l'Etat.

Fidèle aux principes, aux vœux de la nation, à l'esprit du siècle, à la force des tems, fidèle aux règles immuables consacrées par le monarque, la représentation nationale évitera donc tout ce qui pourrait porter atteinte aux dispositions d'une charte devenue la loi fondamentale du royaume. Dans ce moment où les destinées de la France vont être irrévocablement fixées, elle ne permettra point que l'esprit de parti se mêle à des dis-

---

(1) Hume, tom. III, p. 6, 41.

cussions qui ne doivent plus avoir pour objet que d'opérer la réconciliation des esprits et des cœurs ; elle ralliera tous les Français dans un même esprit de concorde et de paix; de concert avec le monarque, elle s'occupera à cicatriser les plaies dont le royaume est couvert ; elle soutiendra les droits du peuple, les prérogatives et la majesté du trône ; et c'est ainsi qu'en donnant à l'Europe les plus solides garanties de repos et de paix au nom de la nation française, la représentation nationale se montrera digne du monarque qui a dit : JE VEUX TOUT CE QUI SAUVERA LA FRANCE.

FIN.

A PARIS, DE L'IMPRIMERIE DE PILLET, RUE CHRISTINE.

www.ingramcontent.com/pod-product-compliance
Ingram Content Group UK Ltd.
Pitfield, Milton Keynes, MK11 3LW, UK
UKHW021509260726
13993UKWH00004B/1622